杨氏太极刀13势

传统杨氏太极拳系列丛书

杨斌 著

山西出版传媒集团
山西人民出版社

图书在版编目（CIP）数据

杨氏太极刀 13 势 / 杨斌著 . -- 太原 : 山西人民出版社 , 2025. 6. -- (传统杨氏太极拳系列丛书).
ISBN 978-7-203-13924-9

Ⅰ . G852.221.9

中国国家版本馆 CIP 数据核字第 20259BT002 号

杨氏太极刀 13 势

著　　者：杨　斌
责任编辑：樊　中
复　　审：李　鑫
终　　审：梁晋华
装帧设计：陈　婷

出 版 者：山西出版传媒集团 · 山西人民出版社
地　　址：太原市建设南路 21 号
邮　　编：030012
发行营销：0351-4922220　4955996　4956039　4922127（传真）
天猫官网：https://sxrmcbs.tmall.com　电话：0351-4922159
E - mail：sxskcb@163.com　发行部
sxskcb@126.com　总编室
网　　址：www.sxskcb.com

经 销 者：山西出版传媒集团 · 山西人民出版社
承 印 厂：山西万佳印业有限公司

开　　本：890mm × 1240mm　1/32
印　　张：5
字　　数：93 千字
版　　次：2025 年 6 月　第 1 版
印　　次：2025 年 6 月　第 1 次印刷
书　　号：ISBN 978-7-203-13924-9
定　　价：69.00 元

楊氏嫡宗

正脈承傳

楊振鐸 己未夏

杨氏太极中心
教学宗旨

杨氏太极 寓道于拳
德艺双修 择人而传
尊师重道 温良恭谦
持之以恒 笃敬庄严

杨振铎 甲午年冬

杨氏太极拳创始人

杨禄禅（1799 年—1872 年）

第二代宗师

杨健侯（1839 年—1917 年）

第三代宗师

杨澄甫（1883 年—1936 年）

第四代宗师

杨振铎（1926 年—2020 年）

第五代嫡传

杨斌（1972 年—　　　）

序

杨氏太极，寓道于拳。作为传承人，就当尊师重道，德艺双修中获得精髓，在持之以恒、笃敬庄严中悟得真谛。

杨斌是我的次孙，少年从我习拳，随我在国内外各地授拳，讲学二十多年，2009 年他成立专业教学机构，专职从事传统杨氏太极传承工作。

社会人文环境在发展，传统杨氏太极拳的教学要适应，我对此持续特别关注。杨斌在近十年的躬身施教过程中，其教学模式与时俱进，其讲学教材初具“大道至简”的境界，我很欣慰。最近，我看了杨斌在《传统杨氏太极拳释义》（教材）基础上编著的《传统杨氏太极拳》底稿，感到传统杨氏太极拳正脉承传的“根基牢固”，我为杨斌几十年如一日初心不变，文武有成，感到很欣慰，希望他有更多的作品奉献给读者，此为序。

杨振铎

2018 年 1 月

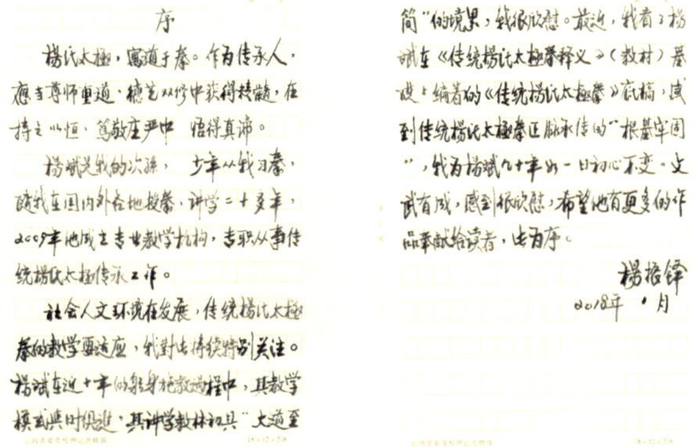

序

杨氏太极，寓道于拳。作为传承人，应当尊师重道，德艺双修中获得精髓，在持之以恒、笃敬庄严中悟得真谛。

杨斌是我的次孙，少年从我习拳，随我在国内外各地授拳、讲学二十多年，2009年他成立专业教学机构，专职从事传统杨氏太极传承工作。

社会人文环境在发展，传统杨氏太极拳的教学要适应，我对此持续特别关注。杨斌在近十年的躬身施教过程中，其教学模式与时俱进，其讲学教材初具“大道至简”的境界，我很欣慰。最近，我看了杨斌在《传统杨氏太极拳释义》（教材）基础上编著的《传统杨氏太极拳》底稿，感到传统杨氏太极拳正脉承传的“根基牢固”，我为杨斌几十年如一日初心不变、文武有成，感到很欣慰，希望他有更多的作品奉献给读者，是为序。

杨振铎

2018年1月

杨振铎先生是我的师父，亦是祖父。他曾亲手为我写的《传统杨氏太极拳》一书题序。在我写现在这本书时，家祖已经仙逝。本书沿用他当年的《序》，原因有三：

第一，家祖在世时对杨氏太极拳的持续发展一事特别关注，我不敢忘却，提笔时刻考虑传统与时代相结合的需求，如今发表，以这种形式算作汇报。

第二，杨氏太极拳能流传至今，是代代相传的心血结晶，我承接了先辈遗留的精华，在此基础上融入自己的观点，以家祖手稿为序，实现“传承”二字的具象化。

第三，家祖在《序》中所言：“初心不变，希望有更多作品奉献给读者”，与我本次出版的意义相合。我将带着这份希冀走下去，把拳传好，无愧先祖，无愧我心，无愧读者。

特此沿用前序，致敬。

杨斌

传统杨氏太极拳基础理论

太极拳是中华武术宝库中的一项传统优秀拳种。其理论基础是中国古代的太极、阴阳学说。王宗岳的《太极拳论》开宗明义："太极者，无极而生，动静之机，阴阳之母也。动之则分，静之则合。"讲的就是太极拳的阴阳对立、阴阳转化、阴阳统一等辩证关系。太极拳既能技击，又有健身和修身养性的作用。

一、我们首先应该了解并建立自身外形的阴阳构架，上下、左右、前后，其方法在于放松

对松的理解，就外形来说，是全身的骨骼、肌肉、关节、韧带、筋膜有意识拔开、引长。

就身体而言，头正颈直，下颚略收使颈部提起，敛臀使尾椎落下。保持颈椎、尾椎相对，脊柱上下对拔拉开，立身中正不偏。

手分左右，不论手法位置如何变化，都应在左右相反方向各自适度引长，以形成对拔。但不影响立身中正不偏。

腿亦分左右，是全身的基础。重心位置不论前后、左右如何变化，两足落地时要形成稳定支撑，但需注意支撑

均衡，以免影响立身。重心最终是落在脚下，应选择整个脚掌前后、左右相对均衡处为着力点。

然后将身体的上下对拔，手的左右对拔，腿的左右对撑和重心的平衡，有意识地与腰联系起来，在各自平衡的基础上建立起统一的具备阴阳的整体构架。

二、太极拳是有意识的运动

在我们建立起整体构架后还需要建立内外的统一，也就是说我们的攻防意识要和形体变换结合起来。意识与腰结合，腰与四肢结合。

招式的变化不外乎开合、蓄发。如果开为阳，合就为阴；蓄为阴，发就为阳。但阴阳的转化是在建立起来的整体构架上来完成的。在动作转换过程中每一个细微的调整及变化都是在我们的意识控制下来完成的。

三、太极拳是有氧运动，和气是有紧密联系的

我们对气的理解是分两层含义的，一是先天元气，二是后天呼吸。在太极拳的练习过程中，要求后天呼吸保持顺畅、深长，以使得先天之气稳稳地沉在丹田得以运转和养护。这一点如何才能做到？需要我们在演练太极拳时，身体外形各部分均需遵守相应的要领及放松意识才可以。简而言之，必须做到心静、意坚、体松、气沉。

四、对太极拳术“十要”的理解

习练传统杨氏太极拳时，除了阴阳整体构架的建立，我们还需遵循传统杨氏太极拳术的“十要”。

1. 虚灵顶劲

虚灵顶劲在整个太极拳术“十要”中属纲领性之要领，全身精、气、神之所在。需要做到头正、颈直、不偏不倚、经络顺、气血畅，能起到将心意与全身之构架提起的作用。

实，容易出现强项；空，容易出现松懈；虚，是指有向上领起的意识。要做到虚灵顶劲，应保持脚下抓、踏地的状态，由脚下节节向上顶起，保持向上意识的同时，再一节一节松沉到脚下。既有向上的领，又有向下的沉，形成上与下对应的基本关系。做到上轻下沉，就能很好地体会虚灵顶劲这一要领。可以理解为身体构架竖向的一个基本关系，以竖为轴带动全身。

2. 含胸拔背

含胸拔背，胸不挺也不塌，居其中即是含。背与胸相对应，故分前、后，可理解为纵，能含胸自然能够拔背。身体构架的前与后为一对阴阳关系，应与上下搭建。阴阳应处于平衡状态，也可以把阴阳的平衡理解为“中”的状态。前与后之间，守中；上与下之间，守中；在前后与上下之间，即纵与竖之间也需要形成平衡关系，守中。

3. 松腰

松腰，腰唯有在松的状态才可以转动灵活带动四肢，使得两足落地稳固,形成全身之主宰,即腰椎自然生理位置,好似日常落座，将坐而未坐下时的状态或盘膝而坐时的状态。

松腰的目的是为了转换灵活，转换灵活的前提是身正。保持身正的前提是守中。如何守中,需开胯、圆裆左右均衡,落胯、敛臀前后均衡，纵、横搭建不偏方可以守中。

4. 分虚实

分虚实，虚实即阴阳，太极要义，无所不包。其中包含意识中的虚实转换与身法、手法、步法中虚实的变化，以及所形成劲力的虚实转换。能分虚实，方能转换灵活，体现在内在的意识以及外在的构架中，还有方位的上下、左右和前后。

5. 沉肩坠肘

沉肩坠肘,两肩需沉下、松开,左右均衡,不使气息上行,造成呼吸不畅。沉肩的前提是坠肘，肘不能坠则肩不能沉，无论手法如何变化，开合、旋转、屈伸皆需做到肘部有对拔下坠之意，且不宜过度 ，否则先天之气亦不能沉。

肩、肘分左右，连之为横，属于手臂，应与身相连。沉与坠的向下与虚灵顶劲的向上之意相呼应。肩之横与身之竖，以及纵相呼应。可见虚灵顶劲、沉肩坠肘与含胸拔背分别代表竖、横、纵，也就是上下、左右与前后的关系。在守中原则下，共同构建约束手法、身法及要领，并形成平衡统一，就符合了沉肩坠肘以及要领之间相互的结合。

6. 何谓用意不用力

用意不用力，意者心意也，意动则气至形则相随。太极重意，在内不在外。不在局部用力而求整体成势，体松气沉，势变阴阳而聚能量，劲也。不用力则身体柔顺，气息沉着。显力则会表现在局部，气息不稳，迟滞而不顺遂难以成势。故以心行气，务令沉着；以气运身，务令顺遂；重意不重形，求整体而不在力。

所谓太极拳为内家拳术，心意为先。腰身、肢体随着意识而动，思想和行为相统一。通过要领有意识的约束，形成手与身、身与步、步与意之间的统一结合，自然而然形成势能，获得整体劲。前辈总结：有意放松，无意成刚。

7. 上下相随

上者手法，下者步法，皆随于腰。意到形随，步随身换，身到手到、力到，身随步走，力由地借。“其根在脚，发于腿，主宰于腰，形于手指，需完整一气。”此劲力表达之线路，势式如此。

并非手与步直接去做结合，是通过腰身引领，使步法与手法协调一致，结合紧密。腰身为主，上下相随。

8. 内外相合

意者，与心相通。心所想，神往之，形必随之。开合、蓄发、屈伸转换之间，气和劲力必相随，势成则浑然无间。

心意、气息相通属于内，腰身、手脚相连属于外。内为君主，外为驱使。故心意带动气息，气息催动腰身，腰身统领上下。神为主帅，身为驱使。

9. 相连不断

意不可断，形不可断，劲不可断，阴阳转换不可断。就套路而言，此势之发即是彼势之蓄，蓄即是发，发也是蓄，循环往复。古拳论谓“如长江大河，滔滔不绝”“运劲如抽丝”皆言其贯穿一气之理。

10. 动中求静

动静机也，视为根本。所谓四两拨千斤，皆是对平衡的理解。静能松沉则明，动以合顺为理。我之动静，彼之动静皆归于太极，自然之理。总而言之，守不变而变就是太极拳的练习方法。

五、太极拳的学习过程：古拳论曰“由招熟而渐悟懂劲，由懂劲而阶及神明”

1. 招熟

简单的理解即招式熟悉。将整个套路拆分为单式，在单式中找到各自阴阳变化的节点与线路，其中包括手法、身法、步法、眼法。再将各自的阴阳转换结合为整体，表现出统一的阴阳变化规律。同时能在式子当中清晰地表达太极拳的掤、捋、挤、按、采、挒、肘、靠，并能把式子与式子之间按阴阳变化的规律连在一起，形成相连不断的演练套路。两人对练时，不论定步、活步、单臂、双臂、合臂、分臂推手及散手皆有固定招式。套路演练和两人对练都应属于招熟的范畴。

2. 懂劲

“其根在脚，发于腿，主宰于腰，而形于手指”这是力量产生和发放的次序，上下、前后、左右、开合、蓄发是相同一理。先求知己，通过对练再能知彼，将太极之掤、捋、挤、按、采、挒、肘、靠等技法在符合阴阳转换的基础上熟练地运用视为懂劲。

3. 神明

明阴阳变化之理，懂平衡之道，于己于人，于内于外，于意于形皆能相合守之。“人不知我，我独知人”可谓神明。

六、太极拳的练习方法

1. 由松入柔

对松的理解可分两个层面考虑，一是意识，二是肢体。意识上放松并非空洞，而是专注，所谓练时无敌当有敌。唯有凝神方可静气，进入松的状态。肢体的放松并非放软，而是通过全身的骨骼、肌肉、关节、韧带、筋膜有意识拔开、引长，获得相应的张力和贯穿感。太极拳手法的左右对拔以及身法的上下对拉和步法的对撑，通过放松的方法联系在一起，并找到其三者的平衡与协调关系，使得三者相互联系相互支持的状态逐渐形成柔韧。

2. 运柔成刚

通过手臂的屈伸、开合，腰部的左右、前后的带动，以及重心的左右、前后、上下的变化，把握合理的时机完成阴阳的转换，形成势能。

3. 刚柔相济

己之劲力，彼之劲力皆为我用之劲力，合而为太极。体悟观察便能得机得势，方能以柔克刚、以柔制柔、以刚克柔、以刚制刚。刚柔相济，循环不断。

七、太极拳练习之手法

1. 掌

掌宜微伸，指宜微屈，指缝稍离，拇指自然外撇。从类型大致可分为坐腕立掌形及直伸形掌形，坐腕立掌形又可分为正坐、侧坐和平坐，多用于推按。侧坐多含有击打之意。平坐多用于掤化。直伸形掌形手腕没有动作直接伸开，包括垂掌、仰掌、俯掌。

2. 拳

屈回四指，拇指扣于食指外沿，保持拳面平整。大致可分直伸与坐拳，按击打点描述可使用拳面、拳背和食指第三关节处。

3. 吊手

手腕部垂下，以拇指为中心拢住，指尖向下。

八、太极拳练习之身法

古拳论曰“立如枰准，活似车轮”。立身中正不偏是前辈对身法的描述。步法的变换及手法的带动同样也离不开身法，身法变换以腰身带动，可左右、前后、上下，形成平、立、斜三个圆形，唯独要求尾闾中正不偏。传统拳当中多数式子，身法是略带前倾的，目的是根据步法变化不同使腰部能得以放松，劲力发放畅达。

九、太极拳练习之步法

太极拳的基本步法多是丁八步，两脚一斜一正。也有的步法是两脚平行。

1. 弓步

两脚外沿大致与肩同宽称为弓步，前曲后直，前脚为正，膝要垂直，后脚为斜，腿宜伸开，两膝无论曲直均应和足尖保持一致方向。重心多保持在前脚掌，五指能附着地面，所谓脚踩涌泉。

2. 虚实步

与弓步要求大致相同，形状为前直后曲，前正后斜，前脚可脚跟着地、脚掌着地亦可踩平，均称虚实步。两脚之间宽度比弓步要窄。

3. 直立步

两脚外沿大致与肩平行同宽，两脚尖向前，重心位置与前者相同。

4. 马步

两脚外沿平行比肩略宽，两脚尖向前，重心位置与前者相同。

5. 独立步

单腿支撑步形，可正可斜，重心应偏重脚掌，五指附着于地面。

6. 仆步

前正后斜，前直后曲，后侧脚向外侧打开大约 45 度。重心位置与弓步相同。

7. 过渡步

在套路中根据具体变化再行描述。

十、太极拳练习的手法、身法与步法的关系

在太极拳练习中应该身法带动步法与手法，三者在练习中是相互支持又相互制约的关系。变换步法时，身法会影响步法的落点及手法的变化线路。两脚落地后，步法又会影响身法及手法位置。手法表现未随身而动，就会影响身法及步法位置，习练时要细心体会三者的联系。

目 录

前言

“太极十年不出门”，是多数习练传统杨氏太极拳者谈论的话题。的确，学习太极拳从“心悟”到“体悟”需要过程。笔者认为，在太极拳理论日臻成熟的今天，对传统杨氏太极拳拳谱的理解，是影响学习者获得真传程度的“要穴”，只要在正确理论指导下，坚持科学的习练方法，就可以事半功倍，早日登上传统杨氏太极拳的“大雅之堂”。

笔者出生于传统武术世家，幸受祖辈武学倾囊相授，得传统杨氏太极拳之要义，遵吾祖父当代宗师杨振铎的教导，以传承国粹武术文化为己任，今将教学体会编著成文，希望读者通过阅读本书，能够在这几个方面有所收获：

1. 深刻理解太极拳的涵义及其所包含的技术内容。

2. 充分认识传统杨氏太极拳的科学性、理论性和指导性。了解建立自身外形的阴阳构架，上下、左右、前后的方法；太极拳的意识作用；太极拳作为有氧运动，与气的密切联系；对太极拳“十要”应用的理解；学习过程“由招熟而渐悟懂劲，由懂劲而阶及神明”的判断；传统杨氏太极拳的基本手法、身法、步法及其相互关系与练习方法。

3. 掌握传统杨氏太极拳的锻炼方法和动作要领、要求等。

编写此书，旨在将中华民族传统武术文化持续发扬光大的同时，让广大读者轻轻松松学太极，强身健体享盛世，进而使杨氏太极拳为人类健康事业做出应有的贡献。

杨 斌

一　七星跨虎交刀势

1. 分脚站立大致与肩同宽，自然放松注意太极拳要领。左手持刀，靠近护手，虎口向下，拇指握在刀柄内侧，其余四指握在刀柄外侧。刀身直立，刀尖朝上，刀背贴手臂，刀刃向前。右臂自然垂下，掌形自然平整，掌心向内，指尖朝下。两眼平视前方。（图 1–1）

图 1–1

2. 重心略左移，转腰向左带动，合胯以右脚跟为轴，向内扣回（约 45 度方向）。同时，左手握刀，随转腰逐渐提臂掤出，右手握拳。（图 1-2-1，图 1-2-2）

图 1-2-1

图 1-2-2

3. 迅速撤回重心，屈腿下蹲坐实右腿。随腰领，左腿正前落步，外侧打开，为斜方向。脚跟着地做好支撑。同时，带动左臂由内向外往上，外旋掤起，刀刃朝上，将近与肩平。右手内旋平坐腕，屈臂提拳（拳略高于肘）。头随身转观察。（图 1–3）

图 1–3

4. 重心前移，踏平左脚，坐实左腿，随转腰至正前带动，提右腿正前上步，前脚掌支撑，完成虚实步型。同时，随腰身带动，右拳由后向前，从左臂下方击出与左臂腕部相搭。目视出拳方向。（图 1–4–1，图 1–4–2）

图 1–4–1

图 1–4–2

5. 撤回支撑重心，随腰右领，向后撤步，（撤步时宜落胯松腰）足尖落为斜方向，踏平形成支撑。同时，右臂外旋变拳心朝上。（图 1–5–1，图 1–5–2）

图 1–5–1

图 1–5–2

6. 腰身向右转，带动重心后移，前方脚以脚跟为轴，蹬着摆正。同时，左手握刀掤出(刀刃朝上)。右臂握拳呈弧形沉下，挎回至胯旁，拳心向上。目视前方。（图 1-6）

图 1-6

7. 随即重心再次后移，坐实右腿，前方脚变脚掌着地。随转腰向左至正前，前方脚形成支撑，完成虚实步型。同时，左手握刀，随转腰沉下，在左胯旁，刀身直竖，刀刃向前。右手松拳随转腰，平坐掌屈臂，从侧面走弧形，经身前掤至头部上方，掌心朝前。（图 1–7–1，图 1–7–2，图 1–7–3）

图 1–7–1

图 1-7-2

图 1-7-3

8. 意气略下沉，步型不变。腰身同时右转，带动右臂，坠肘屈臂沉下坐掌。（准备接刀）左手握刀，掤臂提起，外旋向内合回，交刀柄于右掌心，刀刃向外（平刀）。目视前方。（图 1–8–1，图 1–8–2）

图 1–8–1

图 1–8–2

二　腾挪闪展意气扬

1. 腰身向右领带动，坐实右腿。提左腿正前上步，变弓步，脚跟着地支撑。同时，掤两臂收敛蓄势，右手控刀。目视前方。（图 2–1–1，图 2–1–2）

图 2-1-1

图 2-1-2

2. 腰身向左转，重心前移，左脚踏平，弓出左腿，完成弓步。同时，右手握刀，左掌托于刀柄下方，随腰合力，向前推出刀环。两臂将近与肩平，注视刀柄前方。（图2–2–1，图 2–2–2）

图 2–2–1

图 2–2–2

3. 重心下沉同时后移，使左脚掌微离地面。随腰向左领，以左脚跟为轴，打开左脚，变斜方向。重心前移，左脚踏平，坐实左腿。借脚下蹬，腰身继续左领，提右腿屈膝站立，足尖自然垂下。同时，两臂随腰，身前两侧平行打开，（注意含胸等要领）打开时左手坐掌，收于刀身内侧。右手腕向内平坐握刀，刀身平整，刀刃向外。两眼目视前方。（图 2-3-1，图 2-3-2，图 2-3-3，图 2-3-4）

图 2-3-1

图 2-3-2

图 2-3-3

图 2-3-4

4. 屈左腿下蹲，降低重心，随腰右领，右腿落步正前，打开足尖，为斜方向，脚跟着地支撑。同时，随腰领，屈两臂沉下，掤回相合，在腹前。保持刀身平整，左臂坐掌掤在内侧搭住右小臂。（图 2–4–1，图 2–4–2）

图 2–4–1

图 2–4–2

5. 腰向右转，重心前移，弓出右腿，保持支撑。带动两臂催动刀身，由内向外，平刀横抹。注视出刀方向。（图2–5–1，图2–5–2）

图 2–5–1

图 2–5–2

6. 重心继续前移，坐实右腿。腰身继续右转，带动提左腿，上步正前，脚跟着地支撑。同时，左臂屈回坐掌侧立，挪在胸前中线附近。右臂打开后，外旋屈回。刀背朝外，刀尖向前，刀身平整，刀尖与出步方向一致。（图 2–6–1，图 2–6–2）

图 2–6–1

图 2–6–2

7. 腰向左转至正前，带动左脚踏平，弓出左腿，完成弓步。同时，左臂随腰由合转开，横向侧立掌推出。右手以平刀，由后向前，直线刺出。目视出刀方向。（图 2–7–1，图 2–7–2）

图 2–7–1

图 2–7–2

8. 重心前移，坐实左腿。同时，沉下两臂，身前两侧打开。腰向左领带动两臂上行相合，左掌在内侧，右臂外旋，坐腕立刀，走立圆弧形，运刀柄向上行。（图 2-8-1，图 2-8-2）

图 2-8-1

图 2-8-2

9. 腰身逐渐向右转至出步方向，带动右腿收回。随即右侧前方出步，脚跟着地支撑。右臂沿立圆弧下行后，提臂握刀屈回手臂，收刀于身前，刀柄高，刀尖低，呈 45 度倾斜，刀刃向前。左臂随刀下行后，坐左掌搭于刀背内下三分之一处。（搭刀时，五指需收在刀刃后）（图 2-9-1，图 2-9-2）

图 2-9-1

图 2-9-2

10. 随腰身向前推进，踏平右脚，弓出右腿，完成弓步。双手控刀，随腰由后向前，伸两臂，直线推出，保持与弓腿方向一致。目视推刀方向。（图 2–10–1，图 2–10–2，图 2–10–3）

图 2–10–1

图 2–10–2

图 2-10-3

11. 重心前移，提左腿垫半步。随即坐实左腿，随腰向右领，将右腿向后撤回，足尖落正方向。随后撤回重心，坐实右腿。调节左脚保持与推刀方向一致，脚跟着地支撑。同时，两臂随重心后撤，顺势屈两臂，收刀于身前。（2-11-1，2-11-2，2-11-3，2-11-4）

2-11-1

2-11-2

2-11-3

2-11-4

12. 腰身再次向前推进，两臂控刀，同时直线向前推挡，刀刃向前。目视推刀方向。（图 2-12-1，图 2-12-2）

2-12-1

2-12-2

三　左顾右盼两分张

1. 重心后移，腰身右转，带动左脚跟为轴，向内扣回至正前。双手托刀逐渐上行，左掌搭刀位置不变。随后重心左移，坐实左腿。提右腿略上半步，踩马步，比肩略宽。同时，两臂随之提起，托刀至身前头部上方，刀身平直，刀刃朝上。（图 3–1–1，图 3–1–2，图 3–1–3）

图 3–1–1

图 3-1-2

图 3-1-3

2. 重心右移沉下，坐实右腿。借脚下蹬，提左腿屈膝站立，足尖自然垂下。同时，借脚下蹬，落两臂，身前两侧展开沉下，将近与肩平。右手握刀由上向下，右侧落，立刀劈出。左臂随落刀，坐掌侧立，沉在左侧。目视出刀方向。（图 3–2）

图 3–2

四 白鹤亮翅五行掌

1. 腰略向右领，左臂顺势平环，掤回至胸前，保持坐掌。降低重心，右腿屈膝下蹲。同时，腰向左领，落左腿打开，为斜方向，脚跟着地支撑。头随身转，目视前方。（图 4–1–1，图 4–1–2）

图 4–1–1

图 4–1–2

2. 重心前移，左脚踏平，弓出左腿坐实。随腰向左转，提右腿上步正前，脚跟着地支撑。同时，左臂逐渐平环打开。右臂随转腰上步带动，走立圆下弧，屈臂外侧坐腕，握刀立刃下行，带至身前沉下。（图 4–2–1，图 4–2–2，图 4–2–3）

图 4–2–1

图 4–2–2

图 4-2-3

3. 重心继续前移，右脚踏平，弓出右腿，完成弓步。同时，左臂坐掌侧立，环在身前侧面打开。右手握刀沿立圆弧形线路，反手由下往上向前，翻腕立刀撩出，刀臂一线，刀刃朝上，力达刀尖。与弓腿方向一致。（图 4–3–1，图 4–3–2）

图 4–3–1

图 4–3–2

4. 撤回重心，随腰左领，带动提两臂上行，走立圆弧两臂相合，左臂在内。腰向右领，收右脚落步，足尖向外打开，为斜方向，脚跟着地支撑。两臂沿弧线继续下行，左手保持内侧坐掌，右手坐腕立刀，沉在身前左侧。（刀尖向上）目视刀刃方向。（图 4–4–1，图 4–4–2，图 4–4–3，图 4–4–4）

图 4–4–1

图 4–4–2

图 4-4-3

图 4-4-4

5. 重心继续前移，腰身向右转，右脚踏平，弓出右腿。右手握刀坐腕，沿立圆弧线，由后向前环出，左手坐掌相随。（图 4–5–1，图 4–5–2）

图 4–5–1

图 4–5–2

6. 腰向右转，继续带动重心前移，坐实右腿。随转腰提左腿上步正前，脚跟着地支撑。同时，两臂随之上行。右手握刀，沿立圆弧，提臂至头部附近，带动刀尖撩出。手臂基本平直，刀身平整，刀刃向上，刀尖朝前与出步方向一致。左臂坐掌相随，屈臂掤在面前。（图 4–6–1，图 4–6–2）

图 4-6-1

图 4-6-2

7. 随腰左领，向前催动，重心前移，左脚踏平，弓出左腿，完成弓步。右臂保持控刀位置相对不变，左掌随腰由后向前，直线击出。目视出掌方向。（图 4–7–1，图 4–7–2）

图 4–7–1

图 4–7–2

五 风卷荷花叶里藏

1. 腰身向右转，带动重心后移，合胯扣回左脚变斜方向（约 135 度）。同时，随腰带动。左臂保持坐掌，身前平环逐渐掤回。右臂外旋，转换刀尖方向至右后侧。（图 5-1-1，图 5-1-2，图 5-1-3）

图 5-1-1

图 5-1-2

图 5-1-3

2. 重心撤回，左腿坐实，右脚自然摆顺。随即腰向右领，提右腿开胯，自然落步，外侧打开足尖，变斜方向，脚跟着地，形成支撑。两臂随之坠肘，屈臂沉下，收回至身前，立刀平直，刀刃向上，刀尖指向右后侧。左手坐掌，掌心抵住刀环。右手握刀，掌心向内。头随身转目视刀尖方向。（图 5–2–1，图 5–2–2）

图 5–2–1

图 5–2–2

3. 重心前移，右脚踏平，坐实右腿沉下，借脚下蹬，随转腰向右，提左腿屈膝站立，足尖自然下垂。同时，左掌推送刀环后，坐掌掤于胸前。右臂内旋向前伸开，握刀直线刺出。刀刃向下，刀身平直，刀臂一线，力达刀尖。目视刀尖方向。（图 5-3-1，图 5-3-2，图 5-3-3）

图 5-3-1

图 5-3-2

图 5-3-3

六 玉女穿梭八方势

1. 保持站姿，随腰向左领，顺势推出左掌。降低重心，屈右腿下蹲。开胯落左腿，足尖外侧打开，变斜方向，脚跟着地形成支撑。腰向左转带动重心前移，左脚踏平，弓出左腿坐实。同时，左臂随腰，逐渐掤回至胸前平坐。右臂内旋松腕，垂下刀身，刀背向内，刀尖向下，逐渐平环合回。（图 6-1-1，图 6-1-2，图 6-1-3，图 6-1-4，图 6-1-5，图 6-1-6，图 6-1-7）

图 6-1-1

图 6-1-2

图 6-1-3

图 6-1-4

图 6-1-5

图 6-1-6

图 6-1-7

2. 腰身继续带动向左，提右腿正前上步，脚跟着地支撑。两臂身前相合，左臂在内。（图 6-2-1，图 6-2-2）

图 6-2-1

图 6-2-2

3. 重心继续前移，右脚踏平，弓出右腿坐实。转腰向右，提左腿，左侧前方上步，脚跟着地支撑。同时，右臂随腰，握刀提起，刀背向里，保持竖直。经左肩、贴后背，绕过头部，在右侧，坐腕屈臂举起。让过右臂后，左臂随腰向外掤出，掌心侧向下。目视出步方向。（图 6–3–1，图 6–3–2）

图 6–3–1

图 6–3–2

4. 重心前移，转腰向左，转至出步方向，左脚踏平，弓出左腿，完成弓步，落胯身法略带前倾。同时，左臂内旋，屈臂掤至头部上方，掌心向外。右手握刀，坐腕由上往下，落刀劈出沉下，与出步同一方向。目视出刀方向。（图6-4-1，图6-4-2）

图 6-4-1

图 6-4-2

5. 重心后移，右腿坐实，左脚收回虚点地面。同时，左臂外旋沉下，呈弧形掤在左腹前，掌心向内。右臂内旋，屈臂提起收回，落下刀尖，刀身与地面约呈 45 度夹角，刀背向内，刀背下三分之一处与左臂腕、肘之间相搭。（图 6–5）

图 6–5

6. 依然左侧前方上步，脚跟着地支撑，随即弓腿完成弓步。随腰身向前推进，两臂掤刀直线向前推挡。目视出刀方向。（图 6–6–1，图 6–6–2）

图 6–6–1

图 6–6–2

7. 撤回重心，使左脚掌微离地面。转腰向右，以左脚跟为轴，向内扣回左脚至正方向（约 135 度），掤两臂搭刀相随。头随身转观察。（图 6–7–1，图 6–7–2，图 6–7–3）

图 6–7–1

图 6–7–2

图 6-7-3

8. 重心左移，坐实左腿，随转腰向右领，右后侧，前方落步，斜方向，脚跟着地形成支撑。同时，右臂不动，左臂搭刀不变，直接坠肘屈臂，坐掌侧立。（图 6–8–1，图 6–8–2，图 6–8–3）

图 6–8–1

图 6–8–2

图 6-8-3

9. 腰向右转，带动重心前移，右脚踏平，弓出右腿，顺势以左脚跟为轴，向内扣回至正方向，踏平，完成弓步。同时，右手握刀坐腕，由左向右，由上往下，呈斜线落刀劈出，沉在右膝旁，刀刃向前，刀尖略高。左手让过右臂后，随转腰，弓腿坐掌侧立，直线击出。目视出掌前方。（图 6–9–1，图 6–9–2）

图 6–9–1

图 6–9–2

10. 撤回重心，坐实左腿，随腰身左领，收右脚，右侧正前方向迈步，脚跟着地支撑。同时，左臂内旋按下合回，坐腕掤在腹前内侧，掌心向下。右臂内旋合回，保持坐腕，平刀掤在腹前外侧，刀刃向外。（图 6–10–1，图 6–10–2，图 6–10–3）

图 6–10–1

图 6–10–2

图 6-10-3

11. 随转腰向右，右脚踏平，弓出右腿。右臂由合转开，由左向右平刀抹出，左臂相随。（图 6-11）

图 6-11

12. 随转腰继续向右，坐实右腿，提左腿向左侧前方上步，脚跟着地支撑。同时，左臂坐掌由下向上，往外掤出。右臂外旋屈回变平刀，手高肘低，刀刃向内，刀尖侧向上。目视出步方向。（图 6–12–1，图 6–12–2）

图 6–12–1

图 6–12–2

13. 重心前移，腰向左转至出步方向，左脚踏平，弓出左腿，完成弓步。同时，左臂内旋，屈臂掤至头部上方，掌心向外。右手握刀随腰腿，由下向上，沿出步方向，平刀直线刺出，刀臂一线，刀尖略高于头部。目视出刀方向。（图 6–13–1，图 6–13–2）

图 6-13-1

图 6-13-2

14. 撤回重心，坐实右腿，带动左脚顺势收回。同时，落左臂外旋，呈弧形掤在左腹前，掌心向侧内。右手握刀，内旋坐腕屈回，落下刀尖，使刀身与地面约呈 45 度夹角，刀刃向外，刀背下三分之一处与左臂腕、肘之间相搭。（图 6–14–1，图 6–14–2）

图 6–14–1

图 6–14–2

15. 依然提左腿，左侧前方上步，脚跟着地支撑。腰身向前推进，随即踏平左脚，弓出左腿，完成弓步。同时，两臂掤刀直线向前推挡。目视推刀前方。（图 6–15–1，图 6–15–2，图 6–15–3，图 6–15–4）

图 6–15–1

图 6–15–2

图 6-15-3

图 6-15-4

16. 撤回重心，使左脚掌微离地面，随转腰向右，带动左脚，向内扣回至正方向（约 135 度），掤两臂搭刀相随。头随身转观察。（图 6–16–1，图 6–16–2，图 6–16–3，图 6–16–4）

图 6-16-1

图 6-16-2

图 6-16-3

图 6-16-4

17. 重心左移，坐实左腿。随转腰向右领，提右腿，右后侧前方落步，脚跟着地形成支撑。右臂不动，左臂搭刀不变，直接坠肘屈臂，坐掌侧立。（图 6–17–1，图 6–17–2，图 6–17–3，图 6–17–4）

图 6–17–1

图 6–17–2

图 6-17-3

图 6-17-4

18. 腰向右转，重心前移，右脚踏平，弓出右腿，顺势以左脚跟为轴，向内扣回左脚至正方向，踏平，完成弓步。同时，右手坐腕握刀，由左向右，由上往下，呈斜线落刀劈下，沉在右膝旁，刀刃向前，刀尖略高。左手让过右臂后，随转腰弓腿，坐掌侧立，直线击出，目视出掌方向。（图6-18-1，图6-18-2）

图 6-18-1

图 6-18-2

19. 撤回重心，坐实左腿。随腰身左领，收右脚，正前方向迈步，脚跟着地支撑。同时，左臂内旋，平坐腕按下合回，掤在腹前内侧，掌心向下。右臂坐腕内旋合回，平刀掤在腹前外侧，两臂合回。（图 6-19-1，图 6-19-2）

图 6-19-1

图 6-19-2

20. 重心前移，随转腰向右，右脚踏平，弓出右腿。右臂由合转开，由左向右，内侧坐腕平刀抹出。左臂坐掌相随。（图 6–20）

图 6–20

21. 随转腰继续向右，坐实右腿，提左腿左侧前方上步，脚跟着地支撑。同时，左臂向外坐掌掤出。右臂外旋屈回，变平刀与出步方向一致，刀刃向内，刀尖侧向上。目视出步方向。（图 6-21）

图 6-21

22. 重心前移，腰向左转至出步方向，踏平左脚，弓出左腿，完成弓步。同时，左臂内旋，屈臂掤至头部上方，掌心向外。右手握刀随腰腿，由下向上，沿出步方向，平刀直线刺出，刀臂一线，刀尖略高于头部。目视出刀方向。（图 6–22）

图 6–22

23. 撤回重心，坐实右腿，带动左脚收回。同时，落左臂外旋，呈弧形，掤在左腹前，掌心向内。右手握刀，坐腕内旋屈回，落下刀尖，使刀身与地面约呈45度夹角，刀刃向外，刀背下三分之一处与左臂腕、肘之间相搭。（图 6–23）

图 6–23

24. 依然提左腿，左侧前方上步，脚跟着地支撑。腰身向前推进，随即踏平左脚，弓出左腿，完成弓步。同时，两臂掤刀直线向前推挡。目视前方。（图 6–24–1，图 6–24–2）

图 6-24-1

图 6-24-2

25. 撤回重心，随转腰向右，带动左脚，向内扣回至正方向（约 135 度），掤两臂搭刀相随。头随身转观察。（图 6-25-1，图 6-25-2）

图 6-25-1

图 6-25-2

26. 重心左移，坐实左腿，随转腰向右领，提右腿，右后侧前方落步，脚跟着地形成支撑。左臂搭刀不变，直接坠肘屈臂，坐掌侧立。（图 6-26-1，图 6-26-2）

图 6-26-1

图 6-26-2

27. 腰向右转至出步方向，重心前移，右脚踏平，弓出右腿，顺势以左脚跟为轴，向内扣回左脚至正方向，踏平，完成弓步。同时，右手坐腕握刀，由左向右，由上往下，呈斜线落刀劈下，沉在右膝旁，刀刃向前，刀尖略高。左手让过右臂后，随转腰弓腿，坐掌侧立，直线击出，目视出掌方向。（图 6–27）

图 6–27

七　三星开合自主张

1. 重心前移，坐实右腿。随腰向左领，提左腿左侧前方上步，落斜方向，脚跟着地支撑。同时，两臂在身前，随腰两侧打开。头随身转，目视前方。（图 7–1–1，图 7–1–2）

图 7-1-1

图 7-1-2

2. 腰向左转，带动重心左移，左脚踏平，弓出左腿，顺势扣回右脚至正方向。同时，右手握刀，提臂由前向后内旋，屈臂带回至身前左侧，刀身平直，刀刃向上，刀尖向前。带动左臂坠肘屈回坐掌，掌心抵住刀环。（图 7–2–1，图 7–2–2）

图 7–2–1

图 7–2–2

3. 重心前移沉下，坐实左腿。右腿略收，离地。随左脚下蹬，提右腿屈膝站立，足尖自然垂下。同时，借脚下蹬，右手握刀，反手直线正前刺出，刀刃向上，刀尖向前。左掌助力后随即横向推出。目视出刀方向。（图 7–3–1，图 7–3–2）

图 7–3–1

图 7–3–2

4. 意气下沉，腰向右转，带动右手握刀，走立圆大弧下环，挥动刀背向下截出。左臂随身自然摆动。目视出刀方向。（图 7–4）

图 7–4

5. 左腿屈腿下蹲，降低重心沉下。左脚蹬地，随即全身离地纵起，落地换右脚掌着地，为正方向，落稳踏平。同时，右手不停，沿立圆弧形线路，向后，屈右臂坐腕提刀，（转正手立刀）随纵起下落，由上往下，由后向前挥刀劈出。左臂顺势坐掌屈回。（图 7–5–1，图 7–5–2，图 7–5–3，图 7–5–4）

图 7-5-1

图 7-5-2

图 7-5-3

图 7-5-4

6. 顺势，腰身转向右侧，提左腿向斜方向迈出，前脚掌着地支撑，为虚实步型。同时，右手握刀，坐腕沉下抽回至右胯旁，刀尖略高。左手坐掌伸开，侧立掌直线击出。目视出掌方向。（图 7–6）

图 7–6

八　二起脚来打虎势

1. 撤回重心，坐实右腿。随腰左领，左侧前方上步，脚跟着地支撑。同时，左臂外旋伸开，右手内旋，内侧坐腕握刀，（转平刀）两臂身前两侧打开。（图 8-1-1，图 8-1-2）

图 8-1-1

图 8-1-2

2. 重心前移，腰向左转，左脚踏平，弓出左腿。同时，两臂随腰身前合回。左臂屈回在下，右手握刀，将刀柄交于左掌心，刀身贴于左小臂上，刀刃向外。目视刀柄前方。（图 8-2-1，图 8-2-2）

图 8-2-1

图 8-2-2

3. 重心继续前移，屈膝沉下，坐实左腿。借脚下蹬站立，顺势提右腿正前踢出，随即屈膝收回，（力点足尖，脚面略绷）足尖自然垂下，保持站姿。同时，左手握刀柄控刀，右手呼应出腿，掌心拍击右脚面。目视出腿方向。（图 8–3–1，图 8–3–2，图 8–3–3）

图 8–3–1

图 8–3–2

图 8-3-3

4. 随后降低重心，左腿屈膝下蹲，腰向左领，落右腿于右后侧，合胯右脚向内扣，变斜方向，脚跟着地支撑。左手握刀保持不变，右手随即坐掌侧立，将近与肩平。（图 8-4-1，图 8-4-2）

图 8-4-1

图 8-4-2

5. 重心右移，腰向右转，右脚踏平，坐实右腿。随腰带动，提左腿正前落步，脚跟着地支撑。两臂保持左合右开，掤在身前右侧，将近与肩平。目视前方。（图 8–5–1，图 8–5–2，图 8–5–3）

图 8–5–1

图 8–5–2

图 8-5-3

6. 重心前移，腰向左转至正前，带动左脚踏平，弓出左腿，完成弓步。同时，随腰带动两臂下行，在身前走正圆立弧，左快右慢，至身体中线相合，上下对应。左手握刀屈臂掤在头部上方，（刀身贴于小臂内侧，勿遮挡视线）右手外旋屈臂握拳，合击在腹前。目视前方。（图 8–6–1，图 8–6–2）

图 8–6–1

图 8–6–2

7. 撤回重心，使左脚掌微离地面，以脚跟为轴，随转腰向右，带动合胯，向内扣回左脚，变为左侧斜方向（约135度）。两臂位置相对不动。（图8-7-1，图8-7-2）

图 8-7-1

图 8-7-2

8. 重心回移，腰向左领，逐渐坐实左腿，松右脚自然摆顺，随腰领，提右腿正前方向迈出，脚跟着地支撑。同时，左手握刀，身前左侧沉下，将近与肩平。右手松拳掤起于胸前，掌心向内，两臂相呼应。目视左臂方向。（图 8-8-1，图 8-8-2）

图 8-8-1

图 8-8-2

9. 重心前移，腰向右，转至正前，右脚踏平，弓出右腿，完成弓步。同时，带动两臂下行，在身前走正圆立弧，右快左慢，身体中线相合，上下对应。左手握刀掌心向上，屈臂掤在腹前。（平刀贴于小臂，刀刃向外）右手沿立圆弧线，环至右侧下方坐掌，内旋屈臂掤起，接近中线附近，握拳合击于头部上方，拳心向外。目视前方。（图 8–9）

图 8–9

九　披身斜挂鸳鸯脚

1. 重心不动，随转腰向左，带动左脚跟为轴，向外侧打开为斜方向（约 135 度）。移重心向左，弓出左腿，随转腰向左，顺势以右脚跟为轴，扣回正方向。同时，左手握刀内旋，随腰由下往上，由内向外提臂掤出，至将近与肩平，刀刃朝上。右臂随腰内旋，走立圆下弧掤回，提臂收于左臂内侧。目视前方。（图 9–1–1，图 9–1–2，图 9–1–3）

图 9–1

图 9-1-2

图 9-1-3

2. 重心前移，坐实左腿，屈膝沉下。借左脚下蹬站立，顺势提右腿向正前蹬出（足尖勾回，力点脚跟），随即提膝屈回，足尖自然下垂，保持站姿。同时，右手呼应出腿，松拳变掌拍向足尖，然后屈回右臂，右掌置于刀柄上拢住，准备接刀。目视出腿方向。（图 9–2–1，图 9–2–2，图 9–2–3，图 9–2–4）

图 9–2–1

图 9–2–2

图 9-2-3

图 9-2-4

十　顺水推舟鞭作篇

1. 屈左腿下蹲，降低重心，腰向右领，右腿开胯自然落步，足尖向外侧打开，脚跟着地支撑。同时，右手握刀，随即外旋伸开沉下，转平刀侧向下，垂下刀尖，刀背向外，与地面约为 45 度夹角，刀臂一线。左臂交刀后，内旋坐掌侧立展开，将近与肩平。目视出刀方向。（图 10–1–1，图 10–1–2，图 10–1–3）

图 10–1–1

图 10-1-2

图 10-1-3

2. 重心前移，弓出右腿坐实。以右脚掌为轴，借下沉，随腰向右转，提左腿跨步，转向背后，在支撑腿左后侧落步，足尖指正方向。左臂相随位置不变，右臂由合转开，使刀尖沿转动主轴，沿地面，由内向外划一平圆。头随身转，注意观察。（图 10–2–1，图 10–2–2）

图 10-2-1

图 10-2-2

3. 重心后移，随腰左领，随即沉下，坐实左腿。提右腿右侧前方落步，斜方向，脚跟着地支撑。同时，随腰左领，左臂坠肘屈回，左侧坐掌侧立。右臂内旋，外侧坐腕屈臂提起，使刀身垂下，刀刃向外，刀尖向下。随腰身左领，提刀经头上，贴后背环在左肩，刀背向里。（图 10–3–1，图 10–3–2）

图 10–3–1

图 10–3–2

4. 重心前移，转腰向右转至出步方向，右脚踏平，弓出右腿，完成弓步。同时，随腰右臂坐腕挥刀，由左向右，由上往下劈刀，沉在右膝旁，刀刃向前，刀尖略高。左臂坐掌侧立，让过刀身，随之直线击出。目视出刀方向。（图 10–4–1，图 10–4–2）

图 10–4–1

图 10–4–2

十一　下势三合自由招

1. 撤回重心，坐实左腿，腰向左转，收右脚正前落步，向外侧打开足尖，脚跟着地支撑。同时，右臂随腰内旋，向内平坐腕，提臂收回为平刀，在腹前，刀刃朝外。左臂坠肘屈臂坐掌，收在刀身内侧，以掌相搭，刀尖下三分之一处。两臂控刀，相合在左腹前。（图 11–1–1，图 11–1–2，图 11–1–3，图 11–1–4）

图 11–1–1

图 11-1-2

图 11-1-3

图 11-1-4

2. 重心前移，腰向右转，右脚踏平，弓出右腿。同时，两臂随转腰平环推出，左掌搭刀背，由后向前往外推出刀尖。目视出刀方向。（图 11–2–1，图 11–2–2）

图 11-2-1

图 11-2-2

3. 重心继续前移，坐实右腿。随转腰，继续向右带动，提左腿正前上步，外侧打开足尖，脚跟着地支撑，随之脚掌踏平，弓出左腿。同时，左手坐掌，掌型侧立，将近与肩平。右手握刀外旋，向内屈臂提起，刀身平整，刀刃向内，刀尖向前。（图 11-3-1，图 11-3-2，图 11-3-3）

图 11-3-1

图 11-3-2

图 11-3-3

4. 重心再次前移，腰身向左转动，坐实左腿，随腰带动，提右腿上步于正前方向，脚跟着地支撑。同时，左臂坐掌随腰平环，右手握平刀开始向前刺出。（图 11-4）

图 11-4

5. 重心不停，继续前移，随腰继续左转，踏平右脚，弓出右腿，完成弓步。同时，左臂随转腰完成平环，坐掌在身前左侧打开。右手握刀保持直线，平刀直线刺出，力达刀尖。刀臂一线与右腿相呼应。目视出刀方向。（图 11–5）

图 11–5

十二　左右分水龙门跳

1. 撤回重心，腰向左领，带动右脚收回，身前落步，足尖向外打开，脚跟支撑。同时，两臂下沉随即上行。右手握刀，屈臂外旋转立刀，坐腕运刀柄，走立圆弧形上行。左臂坐掌，呼应向上，两臂在身前相合，左臂在内。头随身转，看向后侧。（图 12–1–1，图 12–1–1）

图 12–1–1

图 12-1-2

2. 重心前移，腰向右转，带动右脚踏平，弓出右腿。同时，两臂沿立圆弧，下行，随转腰弓腿，由下向上，往前环出，刀柄在前，刀刃向下，左臂坐掌随在内侧。目视前方。（图12–2）

图 12–2

3. 中间不停，重心继续前移，坐实右腿。随转腰向右带动，提左腿正前方上步，脚跟着地支撑。同时，右臂随转腰上步，沿立圆弧形线路上行，挥刀向下劈出。左臂呼应，身前坐掌展开。（图 12-3-1，图 12-3-2，图 12-3-3）

图 12-3-1

图 12-3-2

图 12-3-3

4. 重心前移，左脚踏平，屈腿沉下。借左脚下蹬，右侧前方，屈膝提右腿站立，足尖自然垂下，面向右侧前方。同时，右手握刀继续下行，屈臂外侧坐腕，呈反手刀。随提腿站立，立刀由下向上往前，向提腿方向撩刀，刀刃向上，刀尖向前，刀身平直，将近与肩平。左臂呼应，坠肘屈回，掤臂坐掌于右臂腕肘之间。目视出刀方向。（图 12–4–1，图 12–4–2，图 12–4–3，图 12–4–4，图 12–4–5）

图 12-4-1

图 12-4-2

图 12-4-3

图 12-4-4

图 12-4-5

5. 意气下沉，左臂坐掌推出，腰向右转，带动右手握刀走立圆大弧下环，以刀背挥动向下。左臂随身自然摆动。目视出刀方向。（图 12–5–1，图 12–5–2，图 12–5–3，图 12–5–4）

图 12–5–1

图 12–5–2

图 12-5-3

图 12-5-4

6. 降低重心，屈左腿下蹲。左脚下蹬，随即全身纵起，落地换右脚掌着地为正方向，落稳踏平。同时，右手不停，沿立圆弧形线路，向后，屈右臂坐腕提刀。（转正手立刀）随纵起下落，由上往下，由后向前劈刀。左臂顺势坐掌屈回。（图 12-6）

图 12-6

7. 借下落之势，腰身转向右侧，提左腿向斜方向迈出，前脚掌落地支撑，为虚实步型。同时，右手握刀，坐腕沉下抽回至右胯旁，刀尖略高。左手坐掌伸开，侧立掌直线击出。目视出掌方向。（图 12–7–1，图 12–7–2）

图 12–7–1

图 12–7–2

十三 卞和携石凤还巢

1. 撤回重心，腰向左领，提左腿，左侧前方上步，脚跟着地支撑，随即腰身转向右侧。同时，左臂坐掌屈回，掤于胸前，掌心向下，随上步，让过刀身掤出。右臂内旋，松腕提起，垂下刀身，落下刀尖，刀背向内，保持竖直。经面前绕过左肩，头部，贴后背环在右侧，屈臂坐腕提刀举起。（图 13–1–1，图 13–1–2，图 13–1–3，图 13–1–4）

图 13–1–1

图 13-1-2

图 13-1-3

图 13-1-4

2. 重心前移，腰向左转至出步方向，带动左脚踏平，弓出左腿，完成弓步。同时，随弓腿，左臂内旋，屈臂坐掌掤至头部上方，掌心向前。右手握刀，坐腕由上向下，劈出沉下，刀尖略高。目视出刀方向。（图 13–2–1，图 13–2–2）

图 13-2-1

图 13-2-2

3. 重心回移，腰向右转，带动左脚向内侧扣回至斜方向。（约 135 度）同时，右手握刀，内旋掤臂至胸前，转平刀，刀刃向外。左臂随腰，在身前环立圆大弧，合回至右臂下方，以掌心托住刀柄。（图 13-3-1，图 13-3-2）

图 13-3-1

图 13-3-2

4. 重心回移，逐渐坐实左腿，随转腰向右，提右腿往后撤步，落斜方向。同时，左手握刀，刀身贴于小臂。右手松开刀柄，握拳。（图 13–4）

图 13–4

5. 重心继续后移，腰身向右转动至侧面，右脚踏平，坐实右腿。左脚以脚跟为轴，顺势摆正。同时，左手握刀内旋掤出，刀刃朝上。右手握拳，挎回在右胯旁，拳心向上。目视前方。（图 13–5）

图 13–5

6. 前方左脚变为脚掌支撑，随转腰至正前。同时，右臂内旋，屈臂提拳，由后向前，从左臂下方直线击出，与左臂相合，手腕相搭。目视出拳方向。（图 13-6-1，图 13-6-2）

图 13-6-1

图 13-6-2

7. 再次移回重心，坐实右腿。随转腰向右，带动左脚向内，扣回至正前。重心左移，分两臂，逐渐沉下于两胯旁，收右脚，与肩同宽站立起来。左手持刀，刀身直立，刀刃向前，刀背贴于小臂。右手松拳还原。两眼平视前方。（图13-7-1，图13-7-2）

图 13-7-1

图 13-7-2

2022年2月19日星期六完成初稿于淄博

2022年3月9日星期三完成修订

后记

杨斌、杨雅娴商讨书稿

国风火起来了，太极拳也是。年轻一代在新媒体平台上将太极拳展现出了绝佳的视觉效果。雷雨天，乌云滚滚，背后是万丈激流落下，拍打砂岩，眼前是风华少年出拳，拳震南天。大家都在说太极拳太酷了。

这本书是我父亲杨斌的心血之作，写作背景是一个寒风凛冽的冬天，街道四下空空，偶尔徘徊着一两个人，一名是保安，一名是安保。清晨，酒店的固话响铃，我们一家三口按时下楼，出门右转，排好队。队列的尽头是两名大白，采样结束即可获得限量版贴纸，有效期 24 小时。随后各回各房，父亲主攻写书，我主攻写毕业论文，母亲主攻各项联络工作，中午再聚首。

记得午餐是酒店的胡萝卜炖牛肉，说是胡萝卜，咬开是白萝卜。我们本意是决定换个地方工作，结果暂时困在了山东，秉承着不给国家添麻烦的原则，并没有选择返家。因此父亲在狭小的房间里边练拳边写作，桌上放着茉莉花茶，他说能提神醒脑，他从不敷衍每一位杨拳爱好者。而山东的厨子也是讲究人，食材匮乏的时期，他宁可把白萝卜做成胡萝卜的样子，也未曾敷衍我们。很感念昌盛的祖国，感念山东人民。

写这篇后记的本意是想论证一下太极拳真是我们中华民族很酷的一项武术文化。但思绪乱飘，飘到儿时小区里的老旧操场，夏季全是盛放的丁香花。那时候父亲跟我就五六年的交情，可能是不太熟的缘故，他总是不苟言笑，我是他的第一位爱徒，那个操场是我的启蒙地。说实话那时候我并不觉得练拳是件酷事，觉得真是件苦事……

可我觉得父亲很酷，虽然他骑自行车把我凉鞋卷进去了还站起来蹬，但是家里的各样东西，没有他修不好的，甚至也能修凉鞋。他教拳时冷漠地看着我腿抖落泪，但每每提起我时眼中有藏不住的骄傲。他是我太爷爷杨振铎先师的弟子，也是随叫随到的孙子。他一路走来用了几十年，开馆、搬家、开馆、搬家……靠一身拳艺让家庭过得越来越好，也让很多人受益于杨氏太极拳。我认为的苦事，他总说是幸事。我是他唯一的孩子，但我提出想去上海闯荡，他毫不犹豫地支持，更加努力地教拳，只是偶尔视频通话时，扭捏地说句想我。

写这本书时他会经常叫我去他房间，不是教育，是讨论，我们一起找到了更合适的措辞。他说这本书的序就沿用太爷爷写的，那后记就让我来写，他说它的作用是承前启后。我不禁会想，我是不是终有一天也会站在他今日的位置，将他的心血承接给后人。代代如此，则永不断裂呢。

我 2020 年写过一篇悼念太爷爷的文章，其中一段：“人簇拥，不带麦，声洪亮，人群听着如雷贯耳的口号练着双峰贯耳……”是回忆太爷爷数十年在迎泽公园藏经阁前教学的场景，教到后来他教不动了。父亲曾携我在台上领练，台下基本是爷爷奶奶辈的人了。晨练完还要回去带孙子。我父亲当时就有个心愿，希望能有更多年轻人加入，新鲜的血液和充沛的体力才能让杨家拳真正地发扬光大。他不遗余力地为之努力了很久，久到他也不再年轻，久到彻底打动了我，也真的迎来了年轻一代的认可。前两天我给母亲打过一通电话，拜托她转达给父亲。

转达的内容其实挺简单的，就是我想告诉他，我不再觉得传拳是一件苦事，我觉得是幸事。

家祖杨禄禅在京师旗营名震朝野，世称无敌，当年挥出的一拳直接挥了六代，百年后余威犹在。于是无数个平凡瞬间，海晏河清，背后是民族自信之光闪耀，眼前是杨氏子孙出拳，誓让杨氏太极拳毕其使命。父亲赐我一柄剑叫传承，母亲附赠我一枚玉佩叫勇气。这下好了，少年佩剑，剑指长空。

敬历代传承人，伟大的中华民族万万岁。

谨书起予，问读者安，览文至此，本书完结。

杨雅娴

2024 年 8 月 28 日 星期三

杨斌先生传承弟子

嫡传人

杨雅娴

入室弟子

【郭连生】赐名杨雅通　　【杨大坤】赐名杨雅坤

【高海鱼】赐名杨雅安　　【茹梅菊】赐名杨雅清

【白文生】赐名杨雅松　　【盛绍杰】赐名杨雅同

【杨　军】赐名杨雅宽　　【郝书平】赐名杨雅平

【任满喜】赐名杨雅乐　　【师国陶】赐名杨雅聪

【王文国】赐名杨雅宗　　【霍丽君】赐名杨雅慈

【刘增辉】赐名杨雅一　　【叶嫣嫣】赐名杨雅秋

【卢武生】赐名杨雅恒　　【李同立】赐名杨雅闳

【邢建民】赐名杨雅御　　【常争峰】赐名杨雅道

【蒋敏洁】赐名杨雅窈　　【高梅素】赐名杨雅音

【陈　军】赐名杨雅非

入门弟子

【杨滟之】赐名杨雅恬　　【李克凝】赐名杨雅溪

【药东花】赐名杨雅涣　　【温丽华】赐名杨雅祥

【葛春荣】赐名杨雅志　　【郭　艳】赐名杨雅素

【罗静萍】赐名杨雅容　　【崔　杰】赐名杨雅和
【张　兰】赐名杨雅柔　　【刘建平】赐名杨雅灵
【王永红】赐名杨雅涤　　【宋建中】赐名杨雅真
【杜艳芳】赐名杨雅静　　【王　慧】赐名杨雅勤
【刘笑州】赐名杨雅直　　【王予莲】赐名杨雅盈
【柴丽平】赐名杨雅芸　　【武海霞】赐名杨雅湛
【崔广波】赐名杨雅空　　【阴继祥】赐名杨雅明
【刘津立】赐名杨雅无　　【何美诚】赐名杨雅均
【冯艳菊】赐名杨雅心　　【李　涛】赐名杨雅中
【侯丽英】赐名杨雅渊　　【姚丹蕊】赐名杨雅玄
【胡伟雄】赐名杨雅博　　【任建福】赐名杨雅敦
【刘秀梅】赐名杨雅善　　【张佩林】赐名杨雅知
【李志琴】赐名杨雅谦　　【龚红鹏】赐名杨雅德
【解东林】赐名杨雅诚　　【贾占界】赐名杨雅盛
【赵爱社】赐名杨雅理　　【谢程良】赐名杨雅常
【李大伟】赐名杨雅定　　【苏　琴】赐名杨雅冰
【郑鹏飞】赐名杨雅驹　　【王　智】赐名杨雅章
【刘怀亚】赐名杨雅怀　　【贾维金】赐名杨雅星
【古　炜】赐名杨雅泽　　【樊　磊】赐名杨雅资
【张银叶】赐名杨雅忻　　【张晨光】赐名杨雅麟
【李金水】赐名杨雅汜　　【白海忠】赐名杨雅丹
【王慧芳】赐名杨雅青　　【张金喜】赐名杨雅尘
【李清亮】赐名杨雅智　　【王文光】赐名杨雅云